MANUAL DE REFERENCIA PARA LA PRÁCTICA Y DESARROLLO DE CONCEPTOS MELODICOS Y ARMÓNICOS EN EL INSTRUMENTO

Por: Gabriel Rodríguez

MANUAL DE REFERENCIA PARA LA PRÁCTICA Y DESARROLLO DE CONCEPTOS MELODICOS Y ARMÓNICOS EN EL INSTRUMENTO.
POR
GABRIEL RODRÍGUEZ

ISBN 978-0-578-46777-1

CONTENIDO

INTRODUCCIÓN

El propósito de este manual es presentarle al estudiante diferentes ideas y conceptos para practicar y desarrollar destrezas técnicas, melódicas y armónicas en el instrumento. Aquí se encontrarán ejercicios en una sola tonalidad escritos para que el estudiante los practique, así encontrara ideas para desarrollar diferentes ejercicios y se deberá a aprender de memoria todas las escalas y conceptos para poder transportar estos a todos los tonos y luego analizar su uso en diferentes progresiones armónicas. La intención principal es presentar este material a cualquier instrumentista que puede beneficiarse de este y brindarle diferentes ideas para trabajar en sus horas de práctica. Este material sirve para desarrollar el vocabulario, ideas para componer e improvisar.

Es importante reconocer este material auditivamente, para esto se recomienda sentarse al piano y cantar las diferentes escalas y conceptos melódicos mientras se toca la armonía correspondiente. También se pueden cantar los ejercicios mientras se tocan en el instrumento si este lo permite.

De igual importancia es el análisis de las grabaciones de diferentes artistas y ver las diferentes formas en que cada cual usa este material y conceptos para crear su propio estilo. La mejor respuesta de, cómo y para qué se usan estas escalas y conceptos las encontraremos en estas grabaciones importantes a través de la historia.

El material en este manual debe practicarse en todos los tonos, con y sin metrónomo y usando diferentes figuras rítmicas. El estudiante debe experimentar creando nuevos ejercicios rítmicos y melódicos y componer utilizando las diferentes escalas y conceptos melódicos.

IMPROVISACIÓN

Las escalas y los conceptos melódicos y armónicos son los colores que podemos usar creativamente cuando improvisamos. La improvisación en su esencia básica es crear o componer en el momento con los recursos que tenemos ya sea utilizando diferentes motivos melódicos y rítmicos ó desarrollando un mismo motivo.

Los ejercicios que vamos a encontrar aquí son ejercicios mecánicos y técnicos que no representan la forma como se improvisa, solo representan distintas formas en que se puede romper una escala o acorde y diferentes formas de conectar los acordes usando estas escalas; esto nos ayudara a visualizar la armonía y melodía en el instrumento.

Aparte de estos ejercicios se recomienda practicar improvisación libremente sin restricciones, para desarrollar la creatividad y el desarrollo de ideas.

EJERCICIOS

Las escalas y ejercicios están presentados en números, estos números representan los intervalos usando como referencia la escala mayor.

Ejemplo: 3 = tercera mayor   4 = cuarta perfecta
           ♭ 3 = tercera menor   ♯ 4 = cuarta aumentada

Las notas son representadas con letras:

C – do , D – re , E – mi , F – fa , G – sol , A – la , B – si

¿Cómo practicar escalas?

1. Primero tocar las diferentes escalas en todo el registro del instrumento, desde la nota más grave a la más aguda y usando las diferentes digitaciones posibles (tocar las escalas en diferentes posiciones usando el registro disponible en cada posición).

2. Practicar intervalos y grupos de notas; terceras y grupos de tres, cuartas y grupos de cuatro, quintas, sextas y séptimas con sus grupos de notas.

Ejemplo:

3. Triadas diatónicas (dentro de la escala).

Ejemplo:

4. Arpegios con séptima.

Ejemplo:

5. Experimentar creando otros patrones combinando intervalos e ideas melódicas y utilizando diferentes figuras rítmicas.

   Todos los intervalos, grupos de notas y patrones se practicarán ascendiendo, descendiendo y combinando las direcciones (ascendiendo/descendiendo; descendiendo/ascendiendo); Ejemplo: 1.) Subir en la escala usando terceras ascendiendo y baja usando terceras ascendiendo, 2.) Subir la escala usando terceras descendiendo y baja usando terceras descendiendo, 3.) Sube la escala combinando direcciones y baja combinando direcciones.

ESCALAS

Las escalas son los elementos básicos que podemos utilizar para crear melodía y armonía. El practicarlas utilizando diferentes digitaciones, nos ayuda a visualizar las notas en el instrumento de la misma manera en que las vemos en el piano, donde se nos hace fácil ver donde se encuentran todas las notas y no por posiciones o trastes como tradicionalmente se estudian las escalas en los instrumentos de cuerdas.

Estudiaremos las siguientes escalas con sus modos, arpegios extendidos (todas sus notas arregladas en terceras) y acordes derivados de estas escalas: escala mayor, menor melódica, menor armónica, mayor armónica, pentatónica, disminuida, aumentada y hexatónica.

También estudiaremos los "chord tones" (arpegios con séptima, que son las notas que definen la cualidad de un acorde) y sus diferentes cualidades y permutaciones.

Los ejemplos serán representados en la tonalidad de Do, mayor, menor melódica, menor armónica, mayor armónica, pentatónica, disminuida, aumentada y hexatónica.

ESCALAS CON SUS ARPEGIOS EXTENDIDOS, MODOS Y ACORDES

ESCALA MAYOR

1. Jónico – Maj.7

1 2 3 4 5 6 7 8   1 3 5 7 9 11 13   (arpegio extendido)

2. Dórico – min. 7

1 2 ♭3 4 5 6 ♭7 8   1 ♭3 5 ♭7 9 11 13

3. Frigio – Sus ♭ 9 (♭ 13)

1 ♭ 2 ♭ 3 4 5 ♭ 6 ♭ 7 8   1 ♭ 3 5 ♭ 7 ♭ 9 11 ♭ 13

4. Lidio – Maj. 7 (♯ 11)

1 2 3 ♯ 4 5 6 7 8   1 3 5 7 9 ♯ 11 13

5. Mixolidio – sus 7

1 2 3 4 5 6 ♭ 7 8   1 3 5 ♭ 7 9 11 13

6. Eólico – min. 7   (min ♭ 6)

1 2 ♭ 3 4 5 ♭ 6 ♭ 7 8   1 ♭ 3 5 ♭ 7 9 11 ♭ 13

7. Locrio – min. 7 ♭ 5

1 ♭ 2 ♭ 3 4 ♭ 5 ♭ 6 ♭ 7 8   1 ♭ 3 ♭ 5 ♭ 7 ♭ 9 11 ♭ 13

ESCALA MENOR MELÓDICA

1. Menor Melódica – min./ Maj.7

1 2 ♭3 4 5 6 7 8   1 ♭3 5 7 9 11 13   (arpegio extendido)

2. Dórico ♭2 – (Frigio natural 6)   Sus 13 ♭9

1 ♭2 ♭3 4 5 6 ♭7 8   1 ♭3 5 ♭7 ♭9 11 13

3. Lidio Aumentado – Maj. 7♯5♯11

1 2 3♯4♯5 6 7 8   1 3♯5 7 9♯11 13

4. Lidio ♭7 (Mixolidio ♯4) – Dom. 7 (♯ 11)

1 2 3♯4 5 6 ♭7 8   1 3 5 ♭7 9♯11 13

5. Mixolidio ♭6 – Dom. 7 ♭13 (Sus ♭13)

1 2 3 4 5 ♭6 ♭7 8   1 3 5 ♭7 9 11 ♭13

6. Locrio natural 2 (Eólico ♭5) – min. 9 ♭5

1 2 ♭3 4 ♭5 ♭6 ♭7 8   1 ♭3 ♭5 ♭7 9 11 ♭13

7. Súper locrio (Alterada) – Dom. 7 alt.

1 ♭2 ♭3 ♭4 ♭5 ♭6 ♭7 8   1 ♭3 ♭5 ♭7 ♭9 ♭11 ♭13

Arpegios con sonido dominante   1 (♭4 = 3) ♭6 ♭7 ♭9 ♯9 ♯11

ESCALA MENOR ARMÓNICA

1. Menor Armónica – Min. / Maj. 7 (♭ 6)

1 2 ♭ 3 4 5 ♭ 6 7 8   1 ♭ 3 5 7 9 11 ♭ 13   (arpegio extendido)

2. Locrio natural 6 – min. ♭ 5 (6 / ♭ 9)

1 ♭ 2 ♭ 3 4 ♭ 5 6 ♭ 7 8   1 ♭ 3 ♭ 5 ♭ 7 ♭ 9 11 13

3. Mayor Aumentada – Maj. 7 ♯5

1 2 3 4♯5 6 7 8   1 3♯5 7 9 11 13

4. Dórico ♯4 – min. 6 / 9 (♯ 11)

1 2 ♭3 ♯4 5 6 ♭7 8   1 ♭3 5 ♭7 9 ♯11 13

5. Mixolidio ♭2 ♭6 (Frigio nat. 3) – Dom. ♭9 ♭13 (sus ♭9 ♭13)

1 ♭2 3 4 5 ♭6 ♭7 8   1 3 5 ♭7 ♭9 11 ♭13

6. Lidio ♯2 – VII / I   ej.   G / Ab

1♯2 3♯4 5 6 7 8   1 3 5 7♯9♯11 13

7. Alterada ♭ ♭ 7 (Súper Locrio ♭ ♭ 7) – dim7   ej. Bdim7
                                              VI / I   ej. G♯ / B

1♭2♭3♭4♭5♭6 ♭ ♭ 7 8   1♭3♭5 ♭ ♭ 7♭9♭11♭13

ESCALA MAYOR ARMÓNICA

1. Jónico ♭6 – Maj.9 ♭6

1 2 3 4 5 ♭6 7 8   1 3 5 7 9 11 ♭13   (arpegio extendido)

2. Dórico ♭5 – min. 6/9 ♭5

1 2 ♭3 4 ♭5 6 ♭7 8   1 ♭3 ♭5 ♭7 9 11 13

3. Frigio ♭4 – Dom 7 ♭9 ♯9 ♭13

1 ♭2 ♭3 ♭4 5 ♭6 ♭7 8   1 ♭3 5 ♭7 ♭9 ♭11 ♭13

4. Lidio ♭3 (Menor Melódica ♯4)– min / Maj 7(♯ 11) – min. 6 / 9 ♯11

1 2 ♭3 ♯4 5 6 7 8   1 ♭3 5 7 9 ♯11 13

5. Mixolidio ♭2 – Dom. 13 ♭9 (sus 13 ♭9)

1 ♭2 3 4 5 6 ♭7 8   1 3 5 ♭7 ♭9 11 13

6. Lidio aumentado ♯2 – III maj9 / I+ (Cmaj9 / Ab+), VII / I+ (G / Ab+)

1♯23♯4♯5678   13♯57♯9♯11 13

7. Locrio ♭ ♭7 (dim. 7),   B dim7

1♭2♭34♭5♭6 ♭ ♭78   1 ♭3 ♭5 ♭ ♭7 ♭9 11 ♭13

Notas de los acordes - "Arpegios de Séptima" (CHORD TONES)

Notas que identifican la cualidad de un acorde. En su forma básica consta de las notas 1 3 5 7 de la escala básica de donde se deriva un acorde, estas son notas guías que identifican si el acorde es mayor, menor u otro; melódicamente se le conoce como los "targets" las notas donde descansa la armonía o donde podemos guiar o terminar una frase.

Cualidades de algunos de los acordes mas comunes:

* Maj. 7   1 3 5 7   * min. 7   1 ♭ 3 5 ♭ 7

* Dom. 7   1 3 5 ♭ 7   * Dom.7 alt.   1 3 ♭ 5 ♭ 7

* min.7 b5   1 ♭ 3 ♭ 5 ♭ 7   * min/maj 7   1 ♭ 3 5 7

* Dim. 7   1 ♭ 3 ♭ 5 ♭ ♭ 7   * Dim/maj 7   1 ♭ 3 ♭ 5 7

Permutaciones – Combinaciones de las notas. Practicar en todos los tonos y utilizando todas las cualidades.

1 3 5 7	3 1 5 7	5 1 3 7	7 1 3 5
1 3 7 5	3 1 7 5	5 1 7 3	7 1 5 3
1 5 3 7	3 5 1 7	5 3 1 7	7 3 1 5
1 5 7 3	3 5 7 1	5 3 7 1	7 3 5 1
1 7 3 5	3 7 1 5	5 7 1 3	7 5 1 3
1 7 5 3	3 7 5 1	5 7 3 1	7 5 3 1

ESCALAS PENTATÓNICAS

Escala de cinco notas, se pueden crear diferentes escalas pentatónicas arreglando diferentes combinaciones de notas. Una forma de crear diferentes pentatónicas dentro de una escala es usando diferentes patrones como el 12356 y moverlo diatónicamente por los modos de la escala, así encontraremos diferentes colores pentatónicos con los que podemos experimentar.

En esta sección veremos algunas de las pentatónicas mas comunes y sus posibles usos. Se deben en todos los tonos utilizando el concepto de ascendiendo, descendiendo y combinando intervalos, grupos de notas y utilizando diferentes patrones rítmicos.

1. PENTATÓNICA MAYOR (1 2 3 5 6)

* La pentatónica menor sale de esta escala, es su relativa menor

empezando en el grado 6, (6 1 2 3 5) que se convierte en (1 ♭ 3 4 5 ♭ 7)

Ejemplo: C D E G A = A C D E G

Ya que es la misma escala tiene los mismos usos pero desde puntos de

partida diferente. Algunos músicos usan las dos escalas y las practican como

entidades diferentes, otros prefieren concentrarse en una sola forma de la

escala y estudiar todas las posibilidades de esta.

Usos sobre algunos acordes:

* Maj. 7	Pent. Maj. en 1 y 5	Ej. C Maj. 7	C y G pent. Maj
	Pent. Min. en 6 y 3	Ej. C Maj. 7	A y E pent. min.
* Dom. 7	Pent. Maj. en 1		
	Pent. Min. en 6		
* Sus 7	Pent. Maj. en ♭ 7		
	Pent. Min. en 5		

* min. 7   Pent. Maj. en ♭3, 4, ♭7
                 Pent. Min. en   1, 2, 5

* Maj. 7♯11   Pent. Maj. en 2
                 Pent. Min. en 7

* min. 7 b5   Pent. Maj. en ♭5
                 Pent. Min. en ♭3

* Dom. 7 alt.   Pent. Maj. en ♭5
                 Pent. Min. en ♭3

2. PENTATÓNICA ♭3 (Pent. menor 6 o Dórica) (1 2 ♭3 5 6)

Usos:

* min. 7   Pent. ♭3 en   1

* sus ♭9   Pent. ♭3 en   ♭7

* Maj 7♯11   Pent. ♭3 en   6

* Dom. 7♯11   Pent. ♭3 en   5

* min.7 ♭5   Pent. ♭3 en ♭3

* Dom. 7 alt.   Pent. ♭3 en   ♭2

3. PENTATÓNICA DOMINANTE (1 2 3 5 ♭7)

Usos:

* min 6/9   Dom. Pent. en   4

* Dom.7   Dom. Pent. en   1

* min.7 ♭5   Dom. Pent. en   ♭6

* Dom.7 alt.   Dom. Pent. en   ♭5

* Maj. 7 ♯11   Dom. Pent. en   2

* Dom.7 ♯11   Dom. Pent. en   2

* Maj. 7 ♯5   Dom. Pent. en   3

4. PENTATÓNICA ♭6 (Maj. ♭6)   (1 2 3 5 ♭6)

Usos:

* min / maj 7   Pent. ♭6 en   5

* sus ♭9   Pent. ♭6 en   4

* Dom.7 alt.   Pent. ♭6 en   ♭6

* Dom.7 ♯11   Pent. ♭6 en   2

* min 9 ♭5   Pent. ♭6 en   ♭7

* Maj. 7♯5   Pent. ♭6 en   3

5. PENTATÓNICA "TONOS ENTEROS"   (1 3 ♯4 ♯5 ♭7)

Usos:

* min / maj 7   Pent. T.E.   en   7

* Dom. 7 ♯11   Pent. T.E.   en ♯4

* Dom. 7 alt   Pent. T.E.   en   1

* Dom. 9 ♭13   Pent. T.E.   en   3

6. PENTATÓNICA DOMINANTE ♭2   (1 ♭2 3 5 ♭7)

Usos:

Esta pentatónica se le da el mismo uso que a la escala simétrica disminuida semi tono – tono. Mas adelante se discutirá esta escala en detalles.

* Dom. 7   Pent. Dom. ♭2   en 1, ♭3, ♯4, 6

* Dim. 7   Pent. Dom. ♭2   en 2, 4, ♭6, 7

* Estas son algunas posibilidades con los colores que representan algunas de las escalas pentatónicas que se pueden crear, también estas escalas se pueden usar para tocar dentro y fuera de la armonía, se puede experimentar con diferentes sobre imposiciones con estas.

ESCALA SIMÉTRICA DISMINUIDA

Esta escala contiene ocho notas, y la podemos encontrar en dos versiones, tono – semitono (T/S), que la podemos usar sobre acordes disminuidos y semitono – tono (S/T), que la podemos usar sobre acordes dominantes y también se le conoce como <u>Disminuida Auxiliar</u>. Los ejercicios que veremos son utilizando la versión (S/T) semitono – tono.

Ej.   C (S/T)   C D♭ E♭ E F♯ G A B♭
        Intervalos   1 ♭2 ♭3 3 ♯4 5 6 ♭7
                            (♯2)

Debido a la construcción de esta escala solo encontramos tres escalas distintas, ya que las notas se repiten. De estas tres podemos construir los doce tonos.

1. C (S/T) = E♭, F♯, A
2. F (S/T) = A♭, B, D
3. B♭ (S/T) = D♭, E, G

Debido a esto podemos usar una misma escala para diferentes acordes:

C (S/T) la podemos usar en C7, E♭7 , F♯7, A7 y en los acordes

disminuidos de D♭ , E, G, B♭ . Es importante con esta y todas las

escalas identificarlas en las grabaciones y analizar el uso que le dan los

diferentes músicos.

Esta escala la podemos romper en diferentes intervalos, grupos de notas

y patrones melódicos que se demuestran a continuación junto a los grados de

la escala donde se forman estos; practicar usando el concepto de

ascendiendo, descendiendo y combinando y usando diferentes patrones

rítmicos.

INTERVALOS	GRADOS DE ESCALA
Segunda menor	1 ♭3 ♯4 6
Segunda mayor	♭2 3 5 ♭7
Tercera menor	En todos los grados
Tercera mayor	1 ♭3 ♯4 6
Cuarta perfecta	♭2 3 5 ♭7
Tritono (♯4)	En todos los grados
Quinta perfecta	1 ♭3 ♯4 6
Sexta menor	♭2 3 5 ♭7
Sexta mayor	En todos los grados
Séptima menor	1 ♭3 ♯4 6
Séptima mayor	♭2 3 5 ♭7

TRIADAS	GRADOS DE ESCALA
Mayor	1 ♭3 ♯4 6
Menor	1 ♭3 ♯4 6
Disminuida	En todos los grados

ARPEGIOS DE SÉPTIMA	GRADOS DE ESCALA
Dom. 1 3 5 ♭7	1 ♭3 ♯4 6
Min.7 1 ♭3 5 ♭7	1 ♭3 ♯4 6
Min.7 ♭5 1 ♭3 ♭5 ♭7	1 ♭3 ♯4 6
Dim.Maj7 1 ♭3 ♭5 7	♭2 3 5 ♭7
Dom.7 ♭5 1 3 ♭5 ♭7	1 ♭3 ♯4 6

PENTATÓNICA	GRADOS DE ESCALA
Dom.7 ♭2 Pent.	1 ♭3 ♯4 6

HEXATÓNICAS (pares de triadas)	GRADOS DE ESCALA
2 triadas mayores un tritono aparte	1 ♭3 ♯4 6
2 tr. menores un tritono aparte	1 ♭3 ♯4 6
1 tr. mayor, 1 tr. Menor un tritono aparte	1 ♭3 ♯4 6
1 tr. Mayor, 1 tr. Menor una tercera menor arriba	1 ♭3 ♯4 6

ESCALAS HEXATÓNICAS (Pares de Triadas)

Escalas de seis notas, se pueden crear usando dos triadas en las cuales no existan notas en común. Estas se deben practicar en su forma de escala y como triadas separadas. Aquí veremos algunas posibilidades y los colores que estas crean, recuerde que estas escalas se pueden usar dentro del acorde específico del color que representa la escala o para sobre imponer ese color sobre cualquier acorde. En las tablas veremos el color del acorde y el grado ó intervalo donde se puede construir la escala hexatónica o par de triadas. Los ejemplos serán partiendo de la nota Do como raíz.

Pares de triadas, escalas y sus usos:

1. Dos triadas mayores un tono aparte

D/C triadas C E G D F♯A escala C D E F♯G A

ACORDE	HEXATÓNICA EN GRADO:
Maj.7 ♯11	1
Maj.7 ♯5	2
min.7	♭3
min.7 ♭5	♭5
min/Maj.7	4
Sus	♭7
Sus ♭9	♭2
Dom.7 ♯11	1
Dom.7 alt.	♭5

2. Dos triadas mayores un tritono aparte

F♯/C triadas C E G F♯A♯C♯ escala C C♯E F♯G A♯
                                               (D♭)   (B♭)

Esta hexatónica se le da el mismo uso que a la escala simétrica disminuida

Auxiliar (semi tono – tono).

ACORDE	HEXATÓNICA EN GRADO:
Dom.7	1 ♭3 ♯4 6
dim.7	2, 4, ♭6, 7

3. Dos triadas mayores medio tono aparte

D♭/C triadas C E G D♭ F A♭ escala C D♭ E F G A♭

ACORDE	HEXATÓNICA EN GRADO:
Maj.7 (VII / I) ej, (B / C)	7
min.7	2
Sus	6
Sus ♭ 9 (♭ 13)	1

4. Una triada mayor y una triada menor una tercera menor arriba.

E ♭ - /C triadas C E G E ♭ G ♭ B ♭ escala C E ♭ E G ♭ G B ♭

Esta hexatónica se le da el mismo uso que a la escala simétrica disminuida

Auxiliar (semi tono – tono).

ACORDE	HEXATÓNICA EN GRADO:
Dom.7	1 ♭3 ♯4 6
dim.7	2, 4, ♭6, 7

5. Una triada mayor y una triada aumentada un tono aparte.

D + /C triadas C E G D F♯A♯ escala C D E F♯ G A♯

ACORDE	HEXATÓNICA EN GRADO:
Maj.7 ♯5	2
min/Maj.7	4
min.9 ♭5	♭6
Dom.7 ♯11	1
Dom.7 alt.	♭5

6. Una triada menor y una triada mayor un tono aparte.

D /C - triadas C E♭ G D F♯ A escala C D E♭ F♯ G A

ACORDE	HEXATÓNICA EN GRADO:
Maj.7 (♯11, ♯9)	6
Maj.7 ♯5	2
min.7 (♯11)	1
min.7 ♭5	♭3 / ♭5
Dom.7	♭2 / 5 / ♭7

7. Dos triadas aumentadas un tono aparte.

D +/C +   triadas C E G♯ D F♯A♯ escala C D E F♯G♯A♯

También se le conoce como escala de tonos completos (Whole Tone). Se

usa mayormente en acordes Dom.7♯5; crea un color interesante cuando se

usa en la séptima mayor de un acorde menor, ej. B Whole tone sobre C min.

Otras posibilidades para experimentar.

1. Una triada mayor y una triada aumentada medio tono aparte.

   D♭ +/C   triadas C E G D♭ F A escala C D♭ E F G A

2. Una triada menor y una triada aumentada un tono aparte.

   D +/C - triadas C E♭G D F♯A♯ escala C D E♭ F♯ G A♯

3. Una triada menor y una triada aumentada medio tono aparte.

D♭ + /C - triadas C E♭ G D♭ F A escala C D♭ E♭ F G A

4. Dos triadas menores un tono aparte.

D - /C - triadas C E♭ G D F A escala C D E♭ F G A

5. Una triada mayor y una triada disminuida un tono aparte.

D dim/C - triadas C E G D F A♭ escala C D E F G A♭

6. Una triada menor y una triada mayor medio tono aparte.

D♭ /C - triadas C E♭ G D♭ F A♭ escala C D♭ E♭ F G A♭

7. Dos triadas menores medio tono aparte.

D♭ - /C - triadas C E♭ G D♭ F♭ A♭ escala C D♭ E♭ F♭ G A♭

8. Dos triadas menores un tritono aparte.

F♯ - /C - triadas C E♭ G F♯ A C♯ escala C C♯ E♭ F♯ G A

9. Dos triadas aumentadas una tercera menor aparte.

E♭ + /C + Se le conoce como escala aumentada. C E♭ E G G♯ B

ESCALA AUMENTADA

Escala simétrica que se construye usando intervalos de tercera menor y semitono. También entra dentro del concepto de escala hexatónica ya que consta de seis notas y se puede construir con dos triadas aumentadas una tercera menor aparte.

Esta escala puede usarse para crear colores melódicos interesantes sobre diferentes acordes o para experimentar melódica o armónicamente con las posibilidades dentro de la misma escala.

Por su construcción solo existen 4 escalas diferentes:

C = E y A♭
F = A y D♭
B♭ = D y G♭
E♭ = G y B

Ver algunos posibles usos y formas de romper la escala en la siguientes tablas.

ACORDE	AUMENTADA EN:
Dom.7 ♯11	♭7
Dom.7 alt.	1
min/Maj 7	♭3
min.7 ♭5	♭5
Maj.7 ♯5	1
Sus ♭9	♭2
min.	1

Práctica de escala. (intervalos, grupos de notas, etc)

INTERVALOS	GRADO DE LA ESCALA
Segunda menor	♭3 5 7
Tercera menor	1 3 ♭6
Tercera mayor	En todos los grados
Cuarta perfecta	♭3 5 7
Quinta perfecta	1 3 ♭6
Sexta menor	En todos los grados
Sexta mayor	♭3 5 7
Séptima mayor	1 3 ♭6

TRIADAS	GRADO DE LA ESCALA
Mayores	1 3 ♭6
Menores	1 3 ♭6
Aumentadas	En todos los grados

ARPEGIOS DE SÉPTIMA	GRADO DE LA ESCALA
Maj.7 1 3 5 7	1 3 ♭6
Maj.7 ♯5 1 3 ♯5 7	1 3 ♭6
min/Maj 7 1 ♭3 5 7	1 3 ♭6

EJERCICIOS EN PROGRESIONES DE ACORDES

Estos ejercicios no son un ejemplo de cómo se improvisa, si no una forma de practicar y de cómo aplicar el material teórico aprendido; de esta forma entrenaremos el oído y desarrollaremos la técnica para poder usar creativamente todos los recursos aprendidos sobre progresiones estándares o composiciones originales.

Aquí encontraremos solo algunas ideas, el estudiante debe usar estas y experimentar creando sus propios ejercicios usando el material y experimentando con diferentes patrones rítmicos, e ideas para seguir desarrollando el entendimiento de este material.

EJERCICIOS:

1. Tocar las diferentes permutaciones de los arpegios de séptima (chord tones) tocando una a la vez sobre diferentes progresiones de acordes.

2. Conectar los "chord tones" de las progresiones linealmente ascendiendo y descendiendo.

3. Usando las permutaciones libremente conectar los acordes al "chord tone" mas cercano.

4. Improvisar creativamente utilizando como recurso melódico solo los arpegios de séptima ("chord tones").

5. Tocar los arpegios extendidos sobre los acordes correspondiente en las progresiones, practicarlos empezando en la raíz, tercera, quinta y séptima.

6. Tocar escalas correspondientes a los acordes en corcheas ascendiendo empezando primero en la raíz y luego en las terceras, quintas y séptimas; usar como base para saber que escala usar la sección de las escalas.

7. Repetir el ejercicio # 6 de las escalas, descendiendo.

8. Ejercicio de escala continua, conectar las escalas correspondientes a la nota mas cercana en el punto donde cambia el acorde. Ascender y descender a discreción tomando en cuenta el registro del instrumento o una posición especifica donde se quiera practicar.

9. Usando el concepto del ejercicio # 8 de escalas continuas, practicar conectando escalas usando diferentes patrones como intervalos y grupos de notas cambiando a la escala correspondiente cuando cambia el acorde; experimentar con todas las posibilidades que se pueden crear.

10. Practicar ejercicios #6 y # 7 de las escalas ascendiendo y descendiendo pero usando los diferentes conceptos de pentatónicas.

11. Practicar ejercicios #8 y # 9 de escalas continuas usando los diferentes conceptos de pentatónicas.

12. Practicar ejercicios #6 y # 7 de las escalas ascendiendo y descendiendo pero usando los diferentes conceptos de hexatónicas.

13. Practicar ejercicios #8 y # 9 de escalas continuas usando los diferentes conceptos de hexatónicas.

14. Practicar ejercicios #6 y # 7 de las escalas ascendiendo y descendiendo pero combinando las diferentes escalas y conceptos estudiados.

15. Practicar ejercicios #8 y # 9 de escalas continuas pero combinando las diferentes escalas y conceptos estudiados.

16. Practicar improvisación libre, sin ninguna restricción combinando las diferentes escalas y conceptos estudiados.

Estos son solo algunas posibilidades de ejercicios que se pueden crear para desarrollar dominio sobre los temas del repertorio personal, recuerde que es importante primero aprender la melodía, la armonía del tema y escuchar diferentes versiones de cada tema. Una ves domine un tema puede experimentar transportándolo a diferentes tonos.

COMENTARIOS FINALES SOBRE LA PRÁCTICA

La única forma de llegar a dominar algún tipo de arte es mediante la profunda inmersión en el estudio, practica y ejecución de este. No hay caminos cortos hacia la maestría de un instrumento y su función en la música; todos tenemos diferentes tipos de talento que nos pueden ayudar en ciertas áreas, pero la practica es necesaria para desarrollar esos talentos.

Se ha escrito mucho sobre qué, cómo y cuanto hay que practicar y se podría seguir analizando y escribiendo mas sobre el tema ya que todos tenemos capacidades diferentes y aprendemos y retenemos información de formas diferentes. Hay ciertos puntos básicos en los que todos coinciden; Se debe practicar en un lugar adecuado donde se este cómodo y sin distracciones; En cuanto a cantidad de horas, debe empezarse con pequeñas sesiones de practica y poco a poco añadir tiempo de practica siempre y cuando la mente se mantenga alerta y descansada; La repetición es un punto clave para el aprendizaje por eso es mas beneficioso practicar todos los días aunque no sea muchas horas que practicar dos o tres veces en semana muchas horas; En cuanto a qué, a veces muchos estudiantes comentan que se aburren practicando por que no saben que practicar, como vemos en este manual hay mucho material para estudiar y muchas áreas de la música para explorar, como los diferentes estilos, las diferentes culturas y su música, la historia, entre otros. Es importante mantener una agenda donde llevemos nota de lo que practicamos, los días, las horas, el material, así nos podemos organizar y utilizar el tiempo de las sesiones de práctica al máximo.

La clave es saturarse en el buen sentido de la palabra, estudiar, escuchar mucha música, leer y aprender sobre la historia de la música y los músicos, ver a otros músicos tocar y compartir información y experiencias entre todos.

La música no es una carrera de caballos para ver quien es mas rápido, mejor o quien llega primero, ni la información es solo de unos pocos; es un arte donde uno compite con uno mismo para aportar lo mejor de si.

El músico y el artista no solo se desarrolla en el cuarto de práctica, por eso es importante salir y tocar con otros músico y aprovechar al máximo cada oportunidad de hacer música.

Espero que este material sea de beneficio para otros músicos y que este no se quede solo como conocimiento e ideas, si no que sea la base para que se encaminen en el infinito mundo de la música. Todos los días podemos aprender algo nuevo.

APÉNDICE

I. Notas de aproximación a las notas del acorde

II. Ejemplo de cómo practicar utilizando las tablas de las escalas disminuidas y aumentada.

III. Composiciones originales usando algunos de los conceptos presentados en el manual.

I. Aproximaciones:

Las notas de aproximación, ("approach notes"), son notas de paso que pueden ser diatónicas o cromáticas, que se usan para adornar o resolver a una nota importante de la armonía. Las aproximaciones pueden ser de una o mas notas y de una o ambas direcciones; bajo la nota, ascendiendo a esta, o sobre la nota, descendiendo a esta.

En la improvisación de muchos músicos podemos escuchar como utilizan este concepto para crear cromatismo en sus líneas; Es muy importante analizar el uso de este concepto mediante la trascripción y análisis de solos de los grandes maestros de jazz especialmente del periodo del Bebop en adelante.

Podemos practicar las notas de aproximación primero con las notas del acorde; experimentar creando varios ejercicios coloreando primero cada nota por separada y luego todas a la vez, luego con las progresiones de acorde usando diferentes ideas y conectando las notas guías de la armonía con diferentes tipos de aproximaciones.

* A continuación se presentarán algunos ejemplos de notas de aproximación.

1. Cromática de abajo   (Ap. de 1 nota)

2. Cromática de arriba

3. Escala de abajo

4. Escala de arriba

5. Cromática de abajo y cromática de arriba   (Ap. de 2 notas)

6. Cromática de arriba y cromática de abajo

7. Cromática de abajo y escala de arriba

8. Escala de arriba y Cromática de abajo

9. Doble cromático de abajo

10. Doble cromático de arriba

11. Cromático de abajo y doble cromático de arriba   (Ap. De 3 notas)

12. Doble cromático de arriba y cromático de abajo

13. Doble cromático de abajo y doble cromático de arriba (Ap. De 4 notas)

14. Doble cromático de arriba y doble cromático de abajo

15. Cromático de abajo, doble cromático de arriba y cromático de abajo

16. Doble cromático de arriba, cromático de abajo y cromático de arriba

17. Tono abajo, tono arriba, cromático abajo y cromático arriba

18. Tono abajo, tono arriba, cromático arriba y cromático abajo

19. Tono arriba, tono abajo, cromático arriba y cromático abajo

20. Tono arriba, tono abajo, cromático abajo y cromático arriba

Ejemplos utilizando aproximaciones hacia la nota Do.

II. Ejemplos de ejercicios con el material de la tabla de intervalos de la escala disminuidas.

Ejemplos de cómo romper las escalas utilizando la escala disminuida.

Segundas menores

Segundas mayores

Terceras menores

Terceras mayores

Terceras mayores alternando

COMPOSICIONES ORIGINALES

"Intuición" : La melodía de este tema es completa derivada de un par de triadas o escala hexatónica; las triadas de Do y Re mayor. Los acordes de la progresión armónica son todos en los que se puede usar esta escala. Para esta composición primero experimente con estos acordes buscando como conectar los colores, luego creé un motivo usando la escala y lo desarrollé a través de la armonía.

"Thursday Mood" : El proceso de esta composición fue parecido a la anterior; usando todos los acordes que salen de la escala de Bb menor melódica, creé una progresión armónica y luego desarrollé un motivo usando solo cinco notas de la escala y surgió la escala pentatónica 1 2 ♭ 3 5 6.

"Acertijo" : Esta composición esta completa basada en una escala aumentada. Consta de una melodía de doce compases basada en la escala y que se repite sobre dos líneas de bajo diferentes pero que también están basadas en la escala aumentada.

"El Viaje" : En esta composición se utiliza la escala hexatónica de una triada menor y una mayor un tono aparte (Cmin/D maj) para la melodía principal. En la sección A la métrica es de 12/8 pero los acentos y la línea de bajo es de dos negras con puntillo y tres negras, en la B cambia a cinco con acento tres y dos y en la C cambia a siete con acentos tres, dos, dos.

"Searching" : Composición modal, los acordes no progresan ni resuelven tradicionalmente, sino que el centro tonal cambia de acorde a acorde siendo la melodía y los colores de la armonía los que guían la conexión de los acordes.

"5 Minutes" : Este es un Blues menor en 5/4 la melodía usando las escalas dóricas en los acordes menores y súper locria en los dominantes y algunas notas cromáticas de aproximación.

INTUICIÓN

Gabriel Rodriguez

THURSDAY MOOD

Gabriel Rodriguez

ACERTIJO

Gabriel Rodriguez

EL VIAJE

Gabriel Rodriguez

SEARCHING

Gabriel Rodriguez

5 MINUTES

Gabriel Rodriguez

Biografía
GABRIEL RODRÍGUEZ

Bajista, compositor y profesor del Departamento de jazz y musica caribeña en el Conservatorio de Música de Puerto Rico. Como bajista ha trabajado con diferentes artistas y grupos en y fuera de P.R. como, Charlie Sepulveda, San Juan Collective, Miguel Zenon, Dave Valentin, Giovani Hidalgo, Jerry Gonzalez, Paoli Mejias , Angel (Papo) Vazquez, Carli Muñoz , Nissi Quartet, Batacumbele, PR Dixieland Ensemble, Marco Pignataro, Holograma, Causa Comun, Barry Greene, Gary Keller, Alex Acuna, Luke Guillespie, Pete Rodríguez, Antonio Orta, Ruben Caban, entre otros. Como solista ha tocado con su grupo en diferentes festivales y su primera grabación "The Beginning", fue nominada a Premios Tu Musica. Otras distinciones incluyen un Grammy Latino por su participacion en la grabacion " Jon Secada Tributo a Benny More", tres nominación al Grammy Latino como parte del grupo Turnaround en la categoria de jazz latino, y distinciones por la Unesco y la Camara de Representantes de Puerto Rico.

Discografia selecta

- Charlie Sepulveda and The Turnaround (2018) "Song's for Nat"

- San Juan Collective (2017) "LIVE"

- Jon Secada (2017) CD/DVD Sound Stage Live in Chicago

- Jon Secada (2017) Tributo a Benny More (Big Band)

- Charlie Sepulveda/Eddie Palmieri (2017) Mr. E.P.

- In The Wrong (2017) In The Wrong

- Fidel Morales (2016) Omio

- Rican Rebels (2015) Rican Rebels

- San Juan Collective (2012) Fuera De Control

- Christian Nieves (2011) Mi Monte

- San Juan Collective (2010) San Juan Collective

- Sepulvedas's Boulevard (2009), Charlie Sepulveda & the Turnaround. Latin Grammy Award Nominee

- Charlie Sepulveda and The Turnaround (2008) Latin Grammy Award Nominee

- Live at Carli's Vol.2 (2007) , Carli Munoz Trio

- Segunda Piel (2006) Ricardo Pons y Causa Comun

- DVD The Cuban Swing (2006) Chocolate Almenteros, Luis Perico Ortiz, Charlie Sepulveda, Elioot Feijoo

- Bohemia Acustica (2005) Charlie Sepulveda, Deddie Romero

- Felling Good Again (2004) Charlie Sepulveda and the Turnaround

- La Siega (2002) Nissi

- Live at the Heineken Jazz fest (2000) Charlie Sepulveda and the Turnaround

- The Beginning (1999) Gabriel Rodriguez , Tu Musica Award Nominne

Awards

- 2017 Latin Grammy Awards winner, Jon Secada (2017) Tributo a Benny More (Big Band)

- 3 Time Nominee, Latin Grammy Awards, Charlie Sepulveda & The Turnaround, Best Latin Jazz Production. (2008, 2009, 2017)

- Listed in The National Dean's list for his educational achievements .(2002)

- Nominee, Tu Musica Awars, Best Latin jazz production. (1999)

- Best latin jazz production, Radio Javeriana, Colombia (1999)

- Youth of the year in the area of music, UNESCO (1998)

- Distinguished young citizen, PR House of Representatives. (1998)

- Best bassist, competition sponsored by Coca Cola. (1995)

- Best bassist, competition sponsored by Coca Cola. (1994)